DE LA NÉCESSITÉ

DE

COMMISSIONNER LES EMPLOYÉS

DES

TRÉSORERIES GÉNÉRALES

ET DES

RECETTES DES FINANCES

PAR

Honoré LANÇON

Ex-caissier des Recettes générales de la Haute-Vienne et du Jura ;
Ex-fondé de pouvoirs de Trésorerie générale et de Recettes particulières.
Commis à la perception des contributions indirectes
à Argenteuil (Seine-et-Oise.)

ARGENTEUIL

IMPRIMERIE P. WORMS, RUE DE LA CHAUSSÉE.

DE LA NÉCESSITÉ DE COMMISSIONNER

LES

EMPLOYÉS DES TRÉSORERIES GÉNÉRALES

ET DES

RECETTES DES FINANCES

I

Nous croyons utile, au moment où l'on s'occupe d'une nouvelle organisation du service des trésoriers payeurs généraux, et des remaniements et de la réorganisation du personnel des administrations centrales des ministères, de présenter quelques observations sur le modeste personnel des employés des trésoreries générales et des recettes des finances, qui pourraient déterminer l'administration à les admettre au rang d'employés de l'État, pour qu'ils obtinssent comme conséquence un classement et la création de droits à la retraite.

Dans l'état actuel des choses, ces employés ne participent d'aucune organisation. Chargés d'une mission très-importante au fond, ils ne présentent dans la forme rien de déterminé.

Cette situation anormale au premier abord, le paraîtra bien davantage encore si l'on porte ses regards sur l'ensemble du rouage administratif. Partout on voit autour de soi des services parfaitement organisés, des fonctions soigneusement définies, des rôles prudemment tracés, et à côté de ces organisations, on s'étonne de ne pas rencon-

trer au premier rang deux services principaux vers les-
quels convergent en quelque sorte tous les autres, nous
voulons parler des préfectures, grands centres adminis-
tratifs, et des trésoreries générales des finances, grands
centres financiers des départements.

De nombreuses réclamations ont été jusqu'à ce jour
formulées par les employés ainsi déshérités. — Les employés des préfectures voient leurs démarches réussir :
un vif intérêt s'attache à eux ; des caisses départementales
leur ont été instituées, et l'amélioration de leur condition
se poursuit avec activité.

Les employés des finances espèrent aussi que la bienveillance du gouvernement s'étendra efficacement sur eux
parce qu'ils savent que le chef de l'État met toute sa sollicitude à remédier aux maux qui lui sont signalés.

Outre cette bienveillance qui ne saurait leur faire défaut, celle des conseils départementaux, celle de tous les
hommes notables que leur position met en relations fré-
quentes avec le pouvoir, leur est depuis longtemps ac-
quise. Bon nombre de conseils généraux, à diverses épo-
ques, ont manifesté le vœu qu'il y avait de s'occuper des
employés des recettes ; enfin, quelques chefs de service
eux-mêmes ont appuyé auprès de l'administration leurs
demandes comme se rattachant à une cause digne d'intérêt.

L'administration des finances elle-même, hâtons-nous
de le dire, a, dans plusieurs occasions, manifesté ses
bonnes intentions à leur égard, et a paru disposée à examiner avec intérêt les projets d'amélioration qui lui seraient soumis.

Une ordonnance remontant au 23 décembre 1844, a
créée pour les employés des recettes des droits à une perception, après une durée déterminée de service, mais une

mesure limitative d'âge est venue amoindrir l'effet d'une ordonnance dont les bienfaits, d'ailleurs, comme on le verra, sont plus qu'incertains tant que durera l'état actuel des choses.

En résumé, rien d'efficace n'est résulté jusqu'à ce jour de toutes ces démarches, de toutes ces sollicitudes et les trésoreries générales, et les recettes des finances offrent un service à organiser dans son ensemble.

Les attributions des employés des finances sont nombreuses ; elles sont aussi très-importantes, et la plupart d'entre elles ne peuvent être confiées qu'à des employés très-expérimentés. Les employés peuvent invoquer sur ce point le témoignage de MM. les inspecteurs des finances qui, dans leurs vérifications, peuvent apprécier spécialement cette situation. Nous croyons, d'ailleurs, devoir invoquer ce puissant témoignage, pour qu'il serve d'une manière générale à confirmer ce que nous avancerons dans ces observations.

Bien que les attributions soient parfaitement connues des hommes éclairés du métier, nous croyons qu'il est nécessaire de les énumérer sommairement et dans l'ordre même des attributions réglées pour les diverses directions de l'administration centrale des finances par l'ordonnance du 17 décembre 1844.

DIRECTION GÉNÉRALE DU PERSONNEL ET DE L'INSPECTION GÉNÉRALE.

Feuilles d'installation des percepteurs, — feuilles de signalement de ces mêmes comptables et des percepteurs surnuméraires, — avis de nomination, — mutation, — mesures disciplinaires, — rapports de l'inspection générale, — congés, — en un mot, tout ce qui est relatif au personnel.

DIVISION DU CONTENTIEUX DES FINANCES.

Question à soumettre à cette division au sujet des difficultés qui peuvent s'élever par l'interprétation et l'application des lois, règlements et instructions en matières contentieuses, — demandes de renseignements sur les oppositions formées sur les cautionnements des comptables, — recouvrements de créances arriérées et envoi des déclarations des versements y relatifs.

DIRECTION DU MOUVEMENT GÉNÉRAL DES FONDS.

Vente et achat de rentes pour le compte d'habitants des départements, — paiement des ordonnances délivrées par le ministre, — paiement des mandats pour dépenses de l'État, — services réunis des payeurs, — dispositions sur les trésoriers payeurs généraux et paiements des mandats émis par eux, — placement et paiement des bons du trésor, — comptabilité et compte-courant avec le trésor, — envoi des fonds aux départements, — versements et envois de fonds pour compte du trésor, — tenue des livres et carnets relatifs à ces services, — paiement des arrérages des rentes sur l'État, — écriture et comptabilité y relatives.

DIRECTION DE LA DETTE INSCRITE.

Service des rentes départementales, — compte annuel de ces opérations à présenter à la cour des comptes, — tenue des comptes-courants, des fonds des communes, établissements publics et autres, placés au trésor, — cautionnements — apurement de gestions, — paiement annuel des intérêts, — demande de certificats d'inscriptions et transmission des demandes en liquidation de pensions et secours.

DIRECTION GÉNÉRALE DE LA COMPTABILITÉ PUBLIQUE.

Bureau de la perception des contributions directes et comptabilité des communes et établissements publics, — affaires générales, — surveillance et direction du service de la perception et des poursuites en matière de contributions directes,— comptabilité des communes, hospices, bureaux de bienfaisance, dépôts de mendicité, asile des aliénés, syndicats, etc., — surveillance des recettes et dépenses, — conservation et renouvellement des titres et inscriptions hypothécaires, — vérification des comptes de gestion et des bordereaux périodiques, — décomptes des remises des contributions, — vérification de ceux des receveurs des communes et établissements, renseignements à fournir sur la gestion des percepteurs, receveurs municipaux et hospitaliers, — remises de service, — établissements des situations périodiques des recouvrements, — rapports semestriels sur la marche du service, — questions relatives à la responsabilité encourue par les comptables, etc., — correspondance avec les comptables, — délivrance des récépissés, — tenue des écritures, des registres, et livres auxiliaires nécessaires, — vérification des percepteurs et receveurs spéciaux, — procès-verbaux de vérification, — envoi des résumés.

BUREAU DE LA COMPTABILITÉ DES RECEVEURS DES FINANCES.

Tenue des livres relatifs au service des recettes des finances, — paiement des dépenses publiques, — centralisation des recettes se rattachant aux contributions et revenus publics, ainsi qu'à la centralisation des services spéciaux, notamment celui de cotisations municipales et particulières dont l'importance s'est considérablement accrue et s'accroit encore tous les jours, — taxations et bonifications des trésoriers payeurs généraux et receveurs particuliers, — apurement des titres de perception et emploi des crédits, — établissement du compte de gestion, — états et bordereaux mensuels de toutes les opérations, — vérification des pièces et mandats et contrôle des opérations, — service des pensions civiles et militaires, — correspondances diverses, — service de paiements de dépenses publiques et sur services spéciaux.

CAISSE CENTRALE DU TRÉSOR PUBLIC.

Disposition sur la caisse centrale et paiement de mandats émis par celle-ci, — envoi de numéraire et de valeurs, — paiement des arrérages des rentes mixtes ou au porteur, des coupons des obligations du trésor, — des bons du trésor, — paiements d'ordonnances et mandats des divers ministères, notamment des colonies.

CAISSE DES DÉPOTS ET CONSIGNATIONS.

Recouvrements et paiements, service très-important et qui exige des connaissances spéciales, notamment celle du code Napoléon et de procédure civile, — consignations judiciaires et administratives, — caisse de retraite pour la vieillesse, — caisses d'épargne, — sociétés de secours mutuels, — caisse d'assurances en cas de décès et en cas d'accidents.

PAIEMENT DES DÉPENSES PUBLIQUES.

Dès la fin de 1866, l'organisation du personnel des payeurs, qui avait été établie par le décret du 30 mars 1791, n'existe plus, et le paiement de toutes les dépenses publiques a été réuni au service des trésoriers-payeurs généraux; de là un surcroît de travail considérable pour les employés et exigeant des connaissances spéciales, car outre la connaissance des règles de la comptabilité, il faut posséder celles du droit administratif et celles du droit civil.

On doit reconnaître forcément, d'après la nomenclature qui précède, que les travaux des trésoreries générales des finances correspondent d'une manière complète à ceux des diverses directions du service central du ministère.

Si donc, dans un ordre d'attributions plus modestes, mais non moins utiles, les employés des trésoreries générales et des recettes des finances sont, dans les départements, les auxiliaires des employés du ministère des finances, rendant les mêmes services, comment une organisation analogue ne serait-elle pas la juste récompense de leurs travaux et de leur dévouement à la chose publique? Parmi toutes leurs attributions, nous devons citer comme leur créant un titre à la bienveillance et à la sollicitude du gouvernement, les travaux occasionnés par les emprunts, les placements, pour le compte de la banque de France, des obligations des chemins de fer, les services du crédit foncier et du crédit agricole; ces employés signalent enfin, parce qu'ils en constatent journellement la marche progressive, une augmentation considérable du travail des recettes dues à l'influence marquée des capitaux dans les caisses de l'État et principalement au perfectionnement, chaque jour plus grand, des rouages de l'administration financière, qui tend à rendre plus importantes encore les attributions des trésoreries générales et des recettes des finances.

II

Nous ne serons pas démenti lorsque nous avancerons que les trésoreries générales et les recettes des finances occupent un personnel d'employés nombreux, et qui se trouve en général dans une situation précaire. Cette situation trouvera sa cause dans les renseignements que nous allons donner.

On ne contestera pas aussi que le personnel actuellement existant n'offre une organisation vicieuse, où l'on voit percer le malaise du choix et trop souvent peut-être l'esprit de parcimonie qui a présidé à ce choix.

Quoi qu'il en soit, et dans les conditions où fonctionne aujourd'hui le service des trésoreries générales, nous pouvons, sans nous écarter de la vérité, avancer que le travail qui s'y accomplit, exige généralement un nombre d'heures supérieur à celui qui est assigné aux employés sédentaires des autres administrations organisées, que notamment on se livre, dans les bureaux des trésoreries générales et des recettes, à des opérations de chiffres qui captivent l'employé et sont souvent de nature à altérer prématurément sa santé; les heures de travail des employés dépassent ordinairement la moyenne de travail des autres bureaux de plus de deux heures par jour, et dans les temps exceptionnels, lors par exemple des opérations des emprunts, cette moyenne est beaucoup augmentée; souvent même le scribe travaille de longues séances de nuit, et sans augmentation de salaire, sauf quelques rares exceptions.

Un fait reconnu de tous, c'est la nécessité impérieuse qu'ont les trésoriers, payeurs généraux et les receveurs des finances de déléguer à des auxiliaires le soin de procéder aux nombreux travaux attachés à leurs fonctions.

A la création des receveurs des finances doit donc remonter l'institution de leurs employés, et l'on se demande avec raison quelle est la condition de ces employés et de leurs familles, après avoir appris ce que sont leurs attributions et leurs devoirs.

Leur condition n'a rien d'enviable; mal rémunérés pour la plupart, ils sont forcés de chercher, en dehors ne leur occupation principale (et il a été déjà indiqué la durée quotidienne de cette occupation), le complément des ressources qui sont insuffisantes pour leur subsistance.

Privés de tout droit à une pension, leur vie se passe à nourrir une vive inquiétude au sujet de leur avenir, et cependant c'est après de nombreuses années de service que la plupart d'entr'eux ont acquis laborieusement l'expérience et la connaissance indispensables des règlements et des instructions.

Ces conditions sont d'autant plus nécessaires que c'est la seule administration dans laquelle on appelle (aux recettes des finances et aux perceptions), pour récompenser des services rendus à l'État, des titulaires pris hors de la voie hiérarchique, qui ne connaissent pas, dèslors, les instructions et le rouage si compliqué des nombreux et minutieux détails du service.

Évidemment si ces choix sont possibles, si ce n'est sans danger, au moins sans inconvénient pour le service, c'est au concours des employés des trésoreries générales et des recettes des finances qu'on le doit; ils évitent par suite à l'administration supérieure les ennuis et les embarras que ces sortes de nominations lui occasionneraient.

Exceptionnellement doués parfois pour leur genre d'occupations, et d'une utilité incontestable, ils n'ont pourtant aucune certitude du lendemain.

Livrés au danger des combinaisons de l'intérêt privé, ayant à craindre ou leur renvoi ou la réduction de leur salaire; ils vivent dans les angoisses et les déchirements d'une condition précaire sans cesse menacée.

Malheureusement le tableau ci-dessus n'est pas exagéré, nous pourrions citer des faits nombreux pour le démontrer.

A côté de la fragilité de leur condition, les employés placent aussi l'insuffisance de leur traitement.

Quelques exemples prouveront à quel taux infime les combinaisons de l'intérêt privé peuvent faire descendre le salaire.

RÉDUCTIONS FAITES PAR SUITE DE MUTATIONS.

Un employé de 2,400 fr. est réduit à	1,000 fr.
» 1,200 »	900
» 900 »	600
» 500 »	400
» 400 »	200
Totaux : 5,400 fr. »	2,700 fr.

Réduction totale : 2,700 fr. sur cinq employés. Nous ajouterons que des jeunes gens de 24 et 25 ans, ayant 5 ou 6 ans de service, n'ont qu'un traitement de 200 ou 300 fr. Dans une recette générale, où le traitement pour neuf employés était de ... 15,600 fr.
il n'est aujourd'hui que de ... 8,100

Total des réductions ... 7,500

par mutation des receveurs et changements d'employés.

On a cité un employé d'une recette générale, chargé de famille, qui était bientôt octogénaire, entré à 18 ans, qui remplissait depuis plus de 57 ans les fonctions de caissier; un traitement de 1,600 fr. ne lui ayant pas permis d'assurer son existence, il fut obligé, à cet âge, de continuer son labeur.

Nous pourrions citer enfin des employés, ayant plus de trente années de service qui ont perdu leur position sans avoir démérité. Ces employés, auxquels une perception eût dû être la compensation légitime de leur position perdue, ont été écartés comme atteints par la limite d'âge !

Si l'ordonnance de 1844 donnait quelque sécurité par l'espoir d'obtenir une perception en cas de perte d'emploi, cette garantie a été gravement atteinte par la limite d'âge.

Plusieurs décisions ont été prises à cet égard.

Un premier arrêté ministériel du 3 septembre 1849 l'avait fixée d'abord à 40 ans, un autre du 29 novembre même année la porta à 45 ans. Enfin un décret postérieur (du 30 avril 1850) annulant ces deux arrêtés a élevé cette limite à 50 ans non révolus.

Il est digne de remarquer que ce même décret accorde jusqu'à 55 ans aux anciens militaires *jouissant d'une pension de retraite*. Les employés des recettes n'eussent-ils pas dû être l'objet d'une semblable faveur, eux que leurs fonctions rattachent directement à celles de percepteur, et les rendent plus aptes qu'aucun autre et qui sont enfin privés d'une retraite quand vient l'âge du repos?

Les situations que nous avons essayé de représenter dans leur véritable jour, sont, on le voit, très-fâcheuses. L'ordonnance même qui a créé des droits à une perception à leur profit, n'a porté aucun remède au mal, par suite des obstacles que rencontre son exécution ; il en sera de même de toutes les demi-mesures prises tant que l'employé n'aura pas de caractère officiel.

L'ordonnance précitée, en effet, crée un droit, mais le jour où ce droit pourrait être exercé, il vient souvent se heurter contre la résistance du chef, qui ne veut pas se priver du concours d'un employé souvent très-utile, ou qu'il paye trop modestement et qui se trouverait placé dans la nécessité de se procurer un autre employé qui pourrait ne pas réunir les mêmes conditions d'aptitude, ou qui, différemment, pourrait émettre des prétentions à un salaire non agréé par le patron.

Ces dernières considérations nous amènent à faire ressortir, sous un autre aspect encore, le vice grave des conditions présentes des trésoreries générales des finances.

Dans les bureaux, à côté d'employés capables, et cependant souvent mal rétribués, la parcimonie en place quelquefois d'autres dont l'âge ou la capacité ne permet pas, en cas d'événement, de succéder aux chefs et même de seconder ceux-ci d'une manière convenable, de là le danger de voir des travaux et des opérations confiés à des mains inhabiles ou inexpérimentées.

A cette situation vient s'ajouter l'absence de surnuméraires, et en dehors de ces surnuméraires, on ne trouve pas de sujets qui se soient préparés pour des postes si peu enviables.

Aussi y a-t-il l'exemple de quelques recettes dont le service a été en souffrance par suite de la difficulté de trouver des employés capables.

Certains receveurs en ont référé à l'administration supérieure qui, impuissante actuellement pour prévenir cet état de choses. n'a pu qu'à titre provisoire envoyer un employé du ministère.

Un volume ne suffirait pas pour envisager d'une manière complète tous les griefs que soulève la condition actuelle des employés des trésoreries générales et des recettes des finances

Au début de ces observations, nous les avons comparés aux employés des autres administrations ; nous avons démontré que, comme ces dernières, l'administration des finances où ils coopèrent, offrait des travaux importants et intéressant directement l'État, mais, en même temps, nous notions avec surprise une différence entière dans le mode de traitement et d'organisation qui existe entre les employés de ces administrations et celle dont ils dépendent.

Mais, même sans chercher des exemples en dehors de ces employés, on trouverait de nouveaux arguments en signalant la situation des percepteurs vis-à-vis d'eux.

La situation des percepteurs est incomparablement préférable à la leur, et cependant au point de vue rigoureux de la hiérarchie, ils sont sous le contrôle des fondés de pouvoirs des trésoreries générales et des recettes des finances.

Nous avons dit effectivement que MM. les trésoriers payeurs généraux et lés receveurs des finances ne pouvaient pas suffire à toutes leurs obligations, qu'ils étaient obligés de les confier à des auxiliaires et ces auxiliaires, à certains degrés, sont mis en rapports directs avec les comptables ; or, comment admettre, dans une telle inégalité de position, qu'un homme sans caractère officiel offrira les conditions d'ascendant et d'autorité si nécessaires pour agir avec quelque efficacité sur eux ? Comment le comptable pourra-t-il absolument dégager l'homme de la position et recevoir les observations avec toute la déférence qu'il accorderait à une source officielle ?

Cet inconvénient, d'ailleurs, se reproduit partout, et ce que nous avons signalé pour les percepteurs peut s'étendre à quiconque, particulier ou fonctionnaire, est appelé dans les bureaux où, en l'absence du seul chef officiel, on ne trouve aucune représentation officielle.

III

Après avoir examiné cette situation, nous aurions voulu aborder de suite le chapitre ayant trait au mode d'organisation officielle des bureaux ; nous n'avions pas et nous ne savions avoir la pensée que, aux maux graves et nombreux que nous venons de signaler, on pût songer à opposer la moindre objection.

Il paraît néanmoins que nous vivions dans une trop grande illusion ; l'homogénéité est chose difficile à obtenir, il est vrai, mais cette difficulté toute générale nous semble ne pas devoir se rencontrer dans l'espèce actuelle ou doivent, où jamais, se trouver unanimité de vœux et d'actions, autant de la part des employés que de l'administration et des chefs de service.

Il n'y a pas, en effet, de branche d'administration où une bonne organisation du personnel des employés soit plus nécessaire : chargés du travail de comptabilité, travail minutieux demandant une grande exactitude dans sa confection et dans ses envois à jour fixe au ministère, enfin de la surveillance des intérêts et de la comptabilité des communes et établissements publics ; on voit que l'administration a un sérieux intérêt à ce que les employés qui concourent à ce service réunissent les conditions de capacité et d'aptitude nécessaires ; néanmoins, et puisque quelques objections (faciles à dissiper) ont surgi au sujet du projet, examinons-les rapidement.

« Obligation où seraient MM. les trésoriers-payeurs
» généraux et receveurs des finances de recevoir comme
» auxiliaires des employés que leur enverrait l'adminis-
» tration centrale. Seront-ils obligés aussi de remettre
» leur procuration au chef de bureau ou premier commis !

» Dans ce cas leur responsabilité sera-t-elle la même
» qu'aujourd'hui ou bien les fondés de pouvoirs auront-
» ils à fournir eux-mêmes un cautionnement ? »

Disons d'abord que par le commissionnement des employés, les trésoriers-payeurs généraux et les receveurs des finances trouveraient dans les garanties qui sont la conséquence de toute organisation, une sécurité pour leur responsabilité qu'ils n'ont pas aujourd'hui.

C'est ce que l'administration supérieure, dépouillant cette question de toute préoccupation d'intérêt privé et l'envisageant à un point de vue plus élevé, saura reconnaître, nous en avons la persuasion.

La surveillance et la haute direction de toutes les branches de son administration lui appartiennent, et dès lors, elle a incontestablement le droit d'adopter toute mesure qui lui paraît réunir à la fois de plus grandes garanties, et pour l'État, et pour le chef de service.

Elle a intérêt enfin à ce que tous les services soient convenablement et uniformément organisés. Peut-elle, dès lors, rester indifférente à l'endroit du personnel des employés des trésoreries générales, à la bonne organisation desquelles elle doit tenir autant que les trésoriers-payeurs généraux et les receveurs des finances, car de la composition de ce personnel dépend souvent la marche régulière du service.

Supposons au surplus le service d'une trésorerie générale en souffrance par le manque d'employés, l'administration hésiterait-elle à envoyer et à imposer par conséquent au trésorier-payeur général les employés qui lui paraîtraient nécessaires ? Évidemment non.

Cela admis, il est logique d'en conclure que l'administration a le droit d'envoyer aux trésoriers-payeurs généraux des finances les employés qui leur sont nécessaires et d'en déterminer le nombre ; de même qu'elle pourrait, pour concilier tous les intérêts, autoriser ces chefs de service, comme cela a lieu dans certaines limites pour les percepteurs, à faire d'une manière plus large encore la présentation des employés.

Leur responsabilité ne serait pas plus grande que celle qu'ils ont actuellement pour ces comptables, et à cet égard nous ferons un rapprochement qui n'est pas sans valeur.

Les percepteurs gèrent sous la surveillance et la responsabilité des trésoriers-payeurs généraux et des receveurs des finances, et cependant le plus grand nombre n'est pas présenté par eux. Ces chefs de service ont pour garantie matérielle le cautionnement de ces comptables, pour garantie morale le choix du ministre, qui n'est fait que sur les preuves les plus évidentes de la parfaite moralité du candidat, le plus souvent même d'après les notes et renseignements des trésoriers-payeurs généraux eux-mêmes.

Si pour les percepteurs ce mode n'offre pas d'inconvénient, alors qu'ils ne sont pas constamment sous la surveillance du chef de service, comment pourrait-on trouver impossible une organisation semblable pour les employés des recettes, eux qui sont sous la surveillance immédiate, journalière, incessante des trésoriers-payeurs généraux et des receveurs des finances auxquels rien de ce que peut faire un employé ne peut échapper.

Ajoutons qu'en assimilant les employés des recettes aux percepteurs, cette mesure permettrait aux chefs de service de prendre leurs employés parmi ces comptables et leur donnerait une plus grande facilité pour le choix, parce qu'ils pourraient faire passer du service actif au service sédentaire, *et vice versâ*, ceux d'entre eux qu'ils jugeraient avoir le plus d'aptitude pour l'une ou pour l'autre de ces attributions.

Nous croyons avoir suffisamment démontré l'avantage qui résulterait de la nomination des employés des trésoreries générales et des recettes particulières par l'administration. Loin d'être un danger pour ces chefs de service, elle leur offrirait, nous le répétons, des garanties complètes ; les employés y trouveraient aussi les garanties pour leur position, leur avancement et leur avenir, qu'ils n'ont pas ; enfin, pour l'administration elle-même, il y aurait garantie de capacité, uniformité d'attributions dans les bureaux des recettes qui fait actuellement défaut, et par suite, meilleure coopération.

2° Il reste encore à examiner cette question au point de vue particulier des fondés de pouvoirs, catégorie d'employés qu'on présente comme faisant le plus grand obstacle à l'organisation sollicitée.

A cet égard, on se demande tout d'abord s'il est indispensable ou même utile de conserver ce titre et les attributions qui s'y rattachent. Il nous sera permis d'émettre nos réflexions sur cette question ; elles seront courtes, car la difficulté ne nous paraît pas si grande qu'on le dit.

Quelles sont les fonctions de MM. les receveurs particuliers, et en quoi peut-il être nécessaire qu'en raison de leurs fonctions ils donnent à celui qui, en cas d'absence ou d'empêchement doit les représenter, une procuration ? Il ne fait que des opérations exclusivement publiques ; pourquoi dès lors une procuration qui indique des actes privés, personnels ? Le premier commis responsable vis à-vis du chef de service et de l'administration semble devoir être naturellement délégué à le suppléer en cas d'absence ou d'empêchement dans certaines conditions réglementaires à fixer.

Les fonctions de **MM.** les trésoriers-payeurs généraux réunissent des opérations publiques et des opérations pri-vées ; s'il était reconnu possible, comme il nous le paraît, de séparer ces deux natures d'opérations au point de vue administratif, la difficulté serait levée et les mêmes motifs invoqués pour la suppression des fondés de pouvoirs de **MM.** les receveurs particuliers s'appliqueraient aussi à **MM.** les trésoriers-payeurs généraux.

Si, néanmoins, pour ces derniers, il n'était pas jugé prudent de séparer complétement les intérêts publics et privés aujourd'hui confondus, et qu'il fut reconnu néces-saire de conserver à **MM.** les trésoriers-payeurs généraux le droit d'avoir un ou plusieurs fondés de pouvoir qui ne pussent agir à leur lieu et place pour certaines opérations à déterminer qu'en vertu d'une procuration, il ne semble pas que l'organisation du personnel des employés puisse en rien gêner l'exercice, et au contraire ils y trouveraient une plus grande garantie en les autorisant à donner leur procuration aux employés commissionnés ou à prendre les fondés de pouvoirs en dehors de ces employés.

Au surplus, si cette question de la procuration et des fondés de pouvoirs devait entraver, pourquoi ne laisserait-on pas la position de ces employés ce qu'elle est ; ce sont, en définitive, ceux qui désirent le moins une réforme, et serait-il équitable que, pour un si petit nombre d'employés qui, en général, sont satisfaits de leur position, il fut re-fusé à tous les autres une organisation à la fois favorable à ces employés et à l'administration dont ils font partie.

On peut cependant encore traiter cette question à un autre point de vue.

Si nous jetons les yeux sur les diverses administrations financières ou autres, nous voyons dans toutes, les chefs de service toujours sédentaires, ne s'absentant qu'en vertu d'un congé, et, à côté d'eux et sous leurs ordres, un ou plusieurs agents chargés du service actif, c'est-à-dire des vérifications à domicile des autres agents de leur administration afin que le chef supérieur n'ait pas à se déplacer, ses absences pouvant être souvent préjudiciables au service.

Ce qui existe dans toutes les administrations serait plus nécessaire encore pour les trésoreries générales et les recettes des finances, où la responsabilité des chefs de service est sous tous les rapports bien plus considérable ; dépositaires de fonds et de valeurs souvent considérables, ils devraient moins que les autres chefs de service être obligés à des déplacements, et cependant, par une de ces anomalies qui se rencontrent surtout en trop grand nombre dans cette partie de l'administration des finances, ils sont, aux termes des instructions, dans l'obligation de faire eux-mêmes les vérifications à domicile chez les comptables placés sous leurs ordres.

Cet inconvénient a été du reste si bien senti par l'administration, qu'elle a autorisé les receveurs des finances à déléguer les fondés de pouvoir et dans les trésoreries générales l'employé chargé du service de la perception, pour faire ces vérifications, et c'est en général ce qui a lieu.

C'est donc une organisation défectueuse que celle qui existe et si l'on adoptait pour les recettes des finances un service actif sous les ordres des receveurs, il en résulterait que ceux-ci n'ayant pas à s'absenter, à se déplacer, les fondés de pouvoirs au point de vue du service public ne seraient plus nécessaires, puisque les chefs de service seraient ainsi toujours à même de faire ou de surveiller et de signer par eux-mêmes toutes les opérations importantes pouvant engager leur responsabilité

Alors, et d'une manière facultative, ils pourraient, pour les travaux ordinaires et d'un contrôle facile, être autorisés à déléguer à certains employés la signature de diverses pièces, telles, par exemple, que les récépissés, afin d'alléger les chefs de service des formalités de détail.

Nous livrons ces réflexions à l'appréciation des hommes compétents, persuadé qu'elles leur paraîtront dignes d'un examen sérieux

Du reste, la création d'agents vérificateurs que nous venons d'indiquer comme moyen d'aplanir les difficultés relatives aux fondés de pouvoirs, nous paraît mériter d'être traitée d'une manière spéciale et nous donnerons à cet égard des développements dans un autre travail, si celui-ci est favorablement accueilli.

3⁰ Enfin, en obligeant à fournir un cautionnement, ceux des employés dont les attributions peuvent ne pas rendre les garanties morales suffisantes, n'est-ce pas comme dans les autres branches financières, donner complète garantie ?

En prenant pour exemple la banque de France, qui peut être considérée comme une administration publique, ne voit-on pas des sommes et des valeurs considérables confiées aux directeurs et caissiers des succursales dont le cautionnement est relativement insignifiant, et cependant nul ne songe à s'alarmer de la confiance qui leur est accordée et de la responsabilité qui pèse sur eux ; de sages et prudentes mesures de contrôle et de surveillance sont organisées et sont suffisantes.

L'administration des postes n'impose-t-elle pas aux directeurs et receveurs les commis nécessaires dans certains bureaux, et ces chefs de service ne sont-ils pas responsables du service de ces employés, qui n'ont pas quelquefois de cautionnement ?

Au surplus, les moyens de tout concilier, ceux notamment de contrôler les missions les plus délicates, ne manquent point ; et nous avons tout réfuté en citant comme exemple d'organisation toutes les administrations, notamment celle de la banque de France et des diverses directions du ministère des finances.

4° MM. les trésoriers payeurs des finances craignent qu'une organisation du personnel de leurs bureaux ne donne une certaine indépendance à leurs employés et ne nuise à l'unité de gestion et d'autorité.

Pour dissiper cette crainte, ces chefs de service n'ont qu'à jeter les yeux autour d'eux sur les autres administrations ; ils y verront parfaite discipline, complète soumission à tous les degrés.

L'organisation du personnel du ministère n'en est-elle pas un témoignage irrécusable ?

Par le commissionnement des employés, les trésoriers payeurs généraux et les receveurs des finances, loin de perdre de leur action de surveillance et de subordination, verraient au contraire cette situation leur créer des garanties qui sont complétement absentes.

Il doit être loin de la pensée des employés de se soustraire à la juste autorité que doit avoir sur eux le chef de service, et sous ce rapport, il peut lui être donné les plus grandes garanties, ainsi celles du choix et de la présentation, et par dessus tout, l'intérêt qu'aurait l'employé à conserver ou à acquérir une bonne position.

Mais d'ailleurs reportons-nous à l'administration financière. Les percepteurs ne sont-ils pas nommés par l'État ? Y a-t-il de leur part moins de subordination, et un seul exemple d'indiscipline qui ne puisse être facilement atteint ?

« 5° MM. les chefs de bureau des trésoreries générales » et des recettes des finances, satisfaits de leur position

» actuelle, sont opposés à la réalisation du projet, parce
» qu'ils craignent que l'organisation leur fasse une posi-
» tion moins avantageuse. »

On doit se refuser à voir dans les employés qui tiennent
ce langage des employés véritables, c'est-à-dire de ceux
qui s'attachent à une fonction avec l'esprit d'avenir. Ce
langage ne doit être tenu que par un très-petit nombre,
par ceux qui, possesseurs de fortune ou d'une grande
aisance, remplissent leurs fonctions en amateurs, ou qu'un
lien de famille attache forcément à la fortune des trésoriers
payeurs généraux.

En dehors de ces catégories, pas un seul qui s'élève
contre le projet, ou son opposition n'appartient pas à quel-
qu'un de réfléchi.

IV

Quant à l'organisation des bureaux en elle-même, c'est
là un travail général qui demande des vues d'ensemble et
qui doit être préparé et arrêté par le ministre des finances.

Néanmoins, à titre d'élément particulier, nous indiquerons à cet égard quelques cadres.

Le traitement des employés serait fixé et payé par
l'État.

Le montant en serait déduit des émoluments des trésoriers payeurs généraux et des receveurs des finances et
formerait un article distinct au budget de l'État.

Il est à remarquer, au sujet du mode des traitements,
que c'est la seule administration qui, à défaut d'organisation, n'ait pas eu jusqu'ici un fond d'abonnement affecté
spécialement au paiement des frais de service et d'employés.

Ainsi, avant la réunion du service des payeurs, leurs

employés qui ont toujours été assimilés complétement à ceux des trésoreries générales, étaient, sous ce rapport, privilégiés, car depuis longtemns déjà, ils étaient payés sur un fonds d'abonnement qui, dans les dernières années, avait encore été augmenté.

On pourrait répartir les trésoreries générales et les recettes particulières par classes pour prendre une base d'appréciation, afin de déterminer le nombre d'employés et leurs attributions d'après l'importance des trésoreries générales et des recettes des finances, en tenant compte aussi des travaux exceptionnellement plus importants de quelques départements

Dans l'état actuel des choses, les trésoreries générales et les finances ne sont pas uniformément organisées ; dans les unes, le personnel est insuffisant ; dans d'autres, les attributions mal réparties et mal définies ; les deux inconvénients à la fois peuvent se produire dans leur services ; enfin, dans des recettes d'importance égale, le traitement d'employés ayant les mêmes attributions présente des différences choquantes.

Les trésoreries générales seraient, selon leur importance, divisées en deux ou trois bureaux distincts, et les recettes particulières en un ou deux.

1er BUREAU. — *Trésorerie générale.*

Chef de comptabilité, adjoint audit, commis (teneur de livres) nombre selon les besoins, expéditionnaire.

2me BUREAU. — *Recette particulière du chef-lieu.*

Chef de bureau, adjoint audit, commis, expéditionnaire (selon les besoins).

3ᵐᵉ BUREAU. — *Caisse.*

Caissier ; sous-caissier (s'il y a lieu); commis, expéditionnaire (selon les besoins); garçon de caisse, garçon de bureau (selon les besoins).

Employés surnuméraires s'occupant dans les trois bureaux de manière à les rendre aptes à suppléer l'absence d'un employé inférieur et à le remplacer au besoin.

Les attributions des employés principaux seraient déterminées par la décision d'organisation.

Recettes particulières d'arrondissement.

Classement par classe et selon leur importance, il y aurait :

Un chef de comptabilité et un chef de bureau.

Un caissier et un sous-caissier.

Commis, expéditionnaire, nombre selon les besoins

Surnuméraires ; un ou deux ; comme aussi dans les recettes peu importantes, le chef de comptabilité serait aussi caissier.

En terminant, nous avouerons que nous nous sommes attaché à ne rien oublier de ce qui peut contribuer à mettre en lumière les droits d'une classe d'employés aussi modestes que méritants. Nous indiquerons aussi d'une manière générale que pour répondre d'avance aux attaques ou insinuations défavorables à l'organisation demandée, on n'a qu'à reporter son attention sur les branches de l'administration financière actuellement organisée, principalement sur les succursales de la banque de France, qui offrent une parfaite analogie avec les trésoreries générales des finances.

Honoré LANÇON,

Ex-Caissier des recettes générales de la Haute-Vienne et du Jura, — Ex-fondé de pouvoirs de trésorerie générale, — Sous-chef à la perception des contributions directes à Argenteuil, près Paris.

ARGENTEUIL — IMPRIMERIE P. WORMS.